50 JEUX POUR AIDER MON ENFANT À DÉVELOPPER son attention

Direction de la publication
Isabelle Jeuge-Maynart et Ghislaine Stora

Direction éditoriale
Émilie Franc et Julie Martin

Édition
Nathalie Cornellana

Préparation et corrections
Anne-Claire Letki

Direction artistique
Géraldine Lamy

Conception graphique et mise en page
Istria

Couverture
Claire Simonet

Fabrication
Laetitia Messadene

ISBN : 978-2-03-607726-3

Illustrations
© Lavilletlesnuages, pages 14 (haut gauche et droite), 44, 75, 94, 98 et 102
© Shutterstock pour les photos et les autres illustrations

CAMILLE BLAISE
PSYCHOMOTRICIENNE

50 JEUX POUR AIDER MON ENFANT À DÉVELOPPER son attention

LAROUSSE

SOMMAIRE

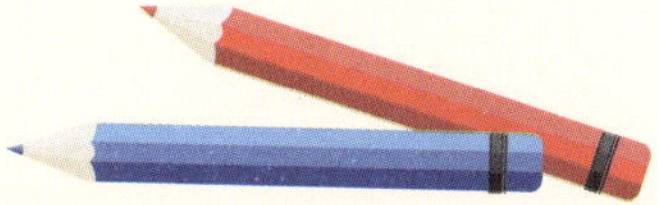

INTRODUCTION

Psychomotricienne, j'exerce depuis vingt-trois ans en cabinet libéral auprès d'enfants d'âges variés et aux pathologies différentes. Mon métier consiste à évaluer, puis à rééduquer ces enfants qui présentent des troubles dans leur développement psychomoteur. Pour cela, je prends en compte chaque patient dans sa globalité en visant, par le jeu et la relaxation, à établir une harmonie entre le corps et l'esprit, tout en stimulant les domaines dans lesquels il est en difficulté.

Ces dernières années, deux constats importants se sont imposés dans ma pratique :

- Nous, professionnels de santé et de l'Éducation nationale, remarquons que les parents sont de plus en plus en demande de soutien et de guidance dans l'éducation de leur enfant.

- Le nombre d'enfants rencontrant des difficultés d'apprentissage, notamment des difficultés d'attention, augmente de manière impressionnante.

Les enfants passent aujourd'hui beaucoup trop de temps devant les écrans. Ce sont des temps pendant lesquels ils ne bougent plus, ne manipulent plus, n'imaginent plus et ne sont plus en relation avec l'autre. En revanche, ce sont des temps pendant lesquels ils sont captivés par des images rapides qu'ils ne retrouvent pas dans la vie réelle et notamment en classe.

Pour de meilleurs apprentissages, il est nécessaire de réduire et de cadrer les temps d'écrans en les remplaçant par des temps de jeux et même, pourquoi pas, par des temps d'ennui. L'ennui développe en effet les capacités de créativité et de résolution de problème.

Le projet de cette collection a émergé à la suite de ces constats. Elle a pour but de répondre aux besoins spécifiques de chaque enfant, présentant ou non des difficultés. Les activités ludiques et variées proposées offriront des moments de plaisir partagé entre parent et enfant, tout en favorisant le développement de l'enfant dans tel ou tel domaine. Vous, parent, serez alors acteur dans l'aide apportée à votre enfant.

Bons temps de jeux à tous !

L'INTÉRÊT DU JEU pour l'enfant

C'est par le jeu que l'enfant découvre le monde et se découvre lui-même, de façon active. Il peut être considéré comme le moteur de son développement psychomoteur global.

Le jeu permet d'expérimenter des solutions à des défis, tout en apportant du plaisir. Il participe ainsi à :

• **Son développement cognitif** : le jeu stimule la pensée, l'attention, la mémoire et la créativité. Il favorise également l'intégration des repères corporels et spatio-temporels.

• **Son développement émotionnel** : le jeu permet à l'enfant d'exprimer et de gérer ses émotions. Il donne confiance en soi.

• **Son développement moteur** : le jeu renforce les muscles, la coordination et l'équilibre.

• **Son développement du langage** : le jeu encourage la découverte et l'utilisation de nouveaux mots.

• **Son développement social** : le jeu apprend à partager, à coopérer et à être autonome. Il consolide la relation sociale et notamment la relation parent-enfant.

Il est donc important de mettre à disposition de son enfant des jeux variés et adaptés à ses capacités et à ses envies, mais aussi de jouer avec lui !

“

L'enfant ne joue pas pour apprendre, mais apprend parce qu'il joue.

”

Jean Epstein

L'ATTENTION,
la clé des apprentissages

L'attention est une fonction cognitive qui permet à l'enfant de se concentrer sur un aspect spécifique de son environnement tout en ignorant les autres. Elle joue un rôle important dans sa capacité à apprendre, à mémoriser et à exécuter des tâches de manière efficace. Elle est ainsi cruciale pour son développement, sa réussite scolaire et sociale. L'attention peut être améliorée par de l'entraînement. Plusieurs facteurs sont aussi indispensables pour une bonne attention.

Le sommeil

Le sommeil favorise les capacités d'inhibition, de régulation du comportement et des émotions. Il doit être satisfaisant :

- **En quantité** : la durée et le rythme doivent être réguliers. Un enfant entre 5 et 10 ans a besoin de 10 à 11 heures de sommeil par nuit.
- **En qualité** : si un enfant ronfle, fait des pauses respiratoires, transpire ou grince des dents, une consultation chez un ORL pourra déterminer s'il fait de l'apnée du sommeil.

Le comportement de l'enfant en journée peut être un bon indicateur sur la quantité et la qualité de son sommeil (par exemple : agitation, somnolence…).

La dépense physique

Des **activités physiques régulières** intégrées dans la routine quotidienne de l'enfant lui permettent de libérer son trop-plein d'énergie, qui peut gêner sa concentration.

La posture

Une **posture stable** lorsque l'enfant s'installe à une table est essentielle :

- les pieds à plat au sol ou posés sur un marchepied ;
- le dos droit ;
- les avant-bras posés sur la table.

L'environnement

Un environnement **ordonné, organisé et contenant** favorise l'attention, avec :

- un renforcement positif (encourager, rassurer et valoriser) ;
- une alimentation saine ;
- un emploi du temps non surchargé ;
- des consignes claires et précises données une par une ;
- les tâches longues et complexes fractionnées en plusieurs étapes ;
- un minimum de distracteurs (sons, objets à portée de main…) et d'excitants (musique forte, écrans…).

Attention aux écrans !

Il est conseillé de ne pas exposer les enfants de moins de 3 ans aux écrans.
En maternelle et en primaire, l'idéal est de les éviter les jours d'école, de choisir ce qui est visionné et de maîtriser le temps.
Au collège et au lycée, les contenus et le temps doivent être également bien cadrés.
Globalement les écrans doivent être limités autant que possible quel que soit l'âge de l'enfant !

TROUBLES DE L'ATTENTION,

comment les repérer ?

Ces troubles courants peuvent se manifester de différentes façons, à l'école ou dans la vie quotidienne.

Voici les signes qui peuvent vous alerter sur des difficultés d'attention chez un enfant : concentration limitée, changement fréquent d'activité, agitation, difficultés à suivre des instructions, oublis, frustration, impulsivité, problèmes pour s'organiser, résultats irréguliers…

Si vous vous questionnez sur le comportement de votre enfant, demandez, dans un premier temps, l'avis de son enseignant·e. Ce retour sera un très bon indicateur de présence ou non de difficultés dans ses apprentissages, son comportement ou ses relations.

Dans le cas où ces difficultés sont avérées, consultez votre pédiatre ou votre médecin généraliste. Il vous orientera vers le ou les spécialistes adaptés à la situation de votre enfant (neuropédiatre, neuropsychologue, pédopsychiatre, psychomotricien, psychologue, orthophoniste, ergothérapeute, orthoptiste, sophrologue…). Soyez rassuré·e, des solutions existent pour aider votre enfant.

DES OUTILS
pour favoriser l'attention

Le coussin à picots

Il permet de créer
une assise dynamique.

Le casque anti-bruit

Il permet de s'isoler
du bruit environnant.

L'élastique de chaise ou de table

Il permet de bouger
les jambes en silence.

Le timer ou sablier

Il permet d'apprendre
la valeur du temps.

LE BUREAU de Thomas

Les consignes du jeu

1. Comparez les deux dessins au verso.
2. Retrouvez les 7 différences entre les deux.

(Voir solution page 118.)

Le coin des parents

Ce jeu est l'occasion de reprendre avec votre enfant la posture la mieux adaptée pour s'installer à un bureau ou à une table. Voici les points à surveiller :

- les pieds à plat au sol ou posés sur un marchepied ;
- les avant-bras posés sur la table ;
- le dos droit ;
- les deux fesses sur la chaise.

Dessin 1

Dessin 2

LES POINTS À RELIER d'Alicia

Matériel

- 2 crayons ou stylos

Les consignes du jeu

1. Chacun sur votre dessin, simultanément ou l'un après l'autre, reliez les nombres du plus petit au plus grand.
2. Quel animal voyez-vous apparaître ?

Variante

Si votre enfant ne connaît pas encore tous les chiffres, faites les deux dessins avec lui en lui montrant les points à relier.

Dessin parent

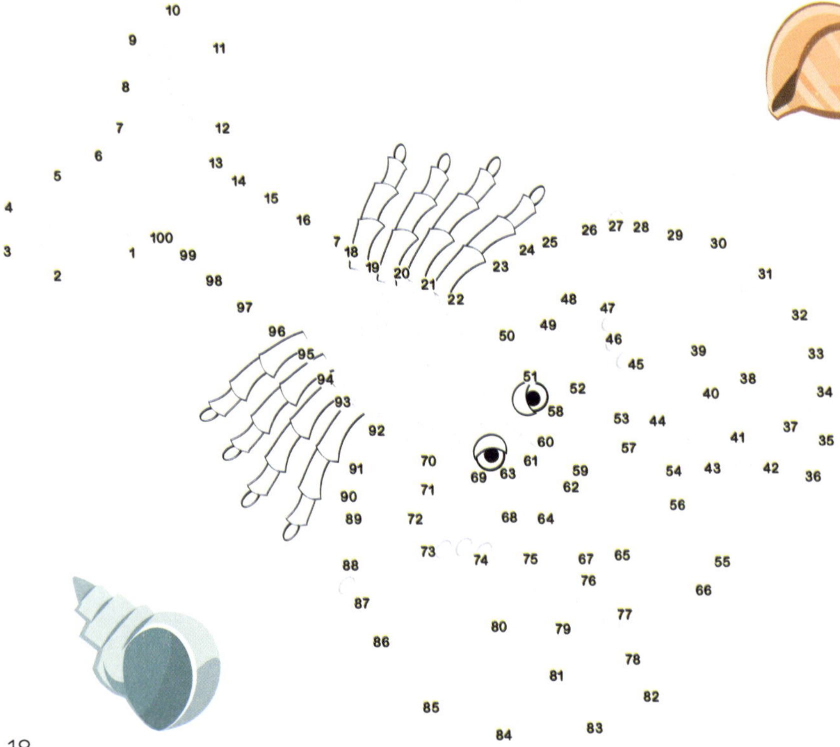

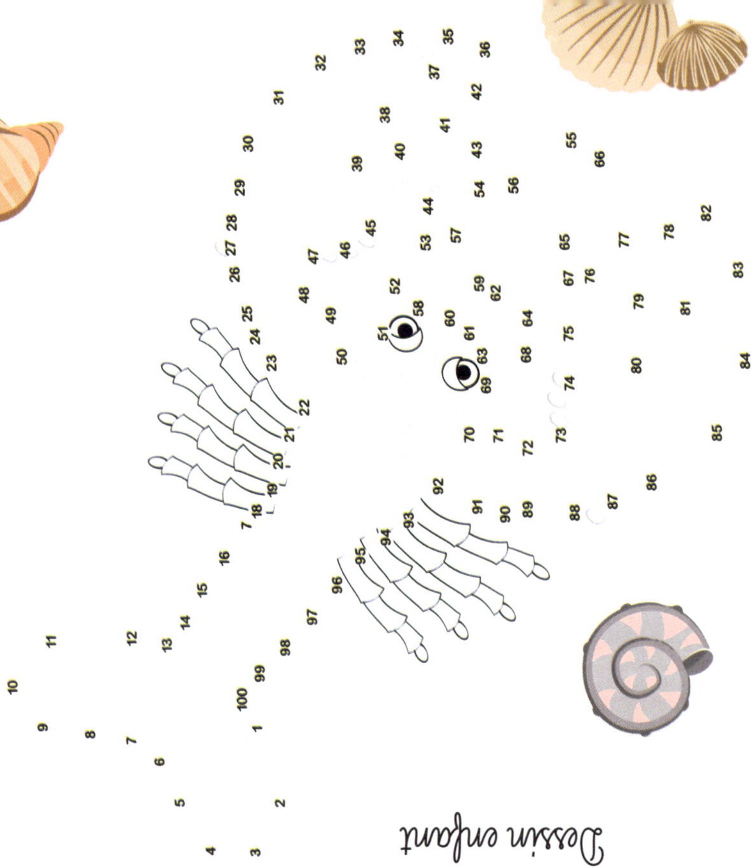

Dessin enfant

LE LABYRINTHE d'Elena

Matériel

- 2 crayons

Les consignes du jeu

1. Chacun avec votre crayon, partez du point de départ et tracez votre parcours jusqu'à la sortie du labyrinthe.
2. Le premier arrivé a gagné !

(Voir solution page 118.)

Le coin des parents

Ce jeu fait aussi travailler la précision du tracé car il ne faut pas dévier du chemin.

Labyrinthe parent

Labyrinthe enfant

LES SUDOKU
de Robert

Matériel

- 1 crayon ou stylo

(Voir solutions page 119.)

Les consignes du jeu

• Remplissez ensemble les cases vierges avec les chiffres de 1 à 9 en veillant toujours à respecter ces règles :

> un même chiffre ne figure qu'une seule fois par colonne ;

> un même chiffre ne figure qu'une seule fois par ligne ;

> un même chiffre ne figure qu'une seule fois par carré de neuf cases.

Facile *

5	1	6			3	4	2	
7			2		4		8	
	2	8	5	7				1
1			3	6			4	
2	3						7	6
				9	1	3		
	4				7	5	6	
3		1				2		
	8				9			3

Moyen **

	5	2			6			
1	6		9					4
	4	9	8		3	6	2	
4						8		
	8	3	2		1	5	9	
		1						2
	9	7	3		5	2	4	
2					9		5	6
			1			9	7	

Difficile ***

		7		8		4		2
9			3			1		8
8		4			1		7	
	5			1	4			9
		2	7					
4	8				2		1	
5	7		4			2		
		8			5			4
3			2	7	8	5		1

LE JEU DU COCHON
de Sarah

Matériel

- 2 dés
- feutres ou crayons de couleur

Les consignes du jeu

1. Chacun votre tour, lancez les dés.
2. Coloriez avec la couleur de votre choix sur votre dessin la partie du cochon correspondant au nombre obtenu.
3. Le gagnant est le premier à avoir colorié entièrement son cochon.

Dessin parent

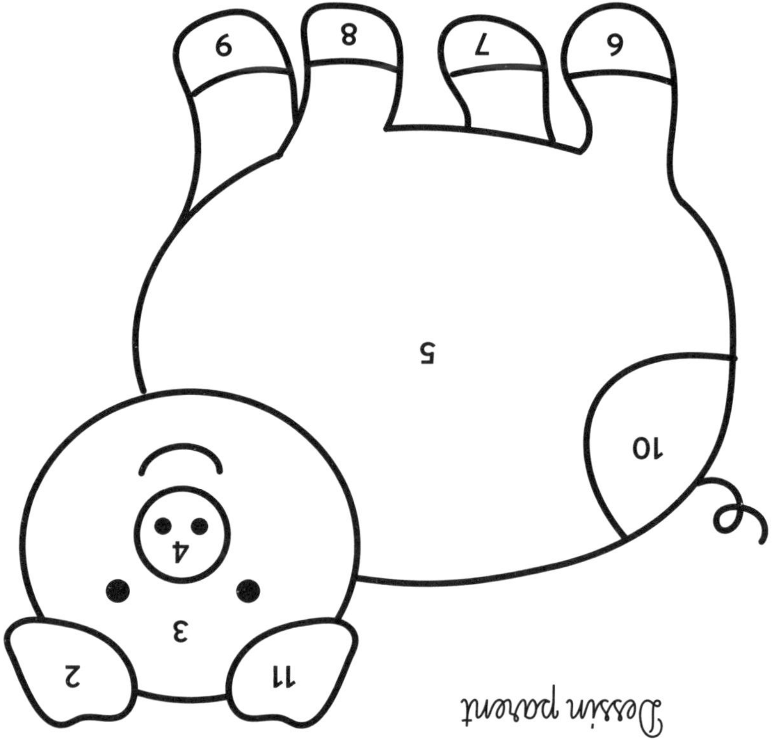

Dessin enfant

LA MÉMOIRE
de Remus

Les consignes du jeu

1. Choisissez une série – chiffres, lettres, couleurs, objets ou animaux – et mémorisez-la.

2. Puis l'autre joueur la cache.

3. C'est à vous de restituer la série sans erreur !

4. Inversez les rôles.

4 10 6 2 8

25 10 5 30 15 20

D A E C B

Z Y X W V

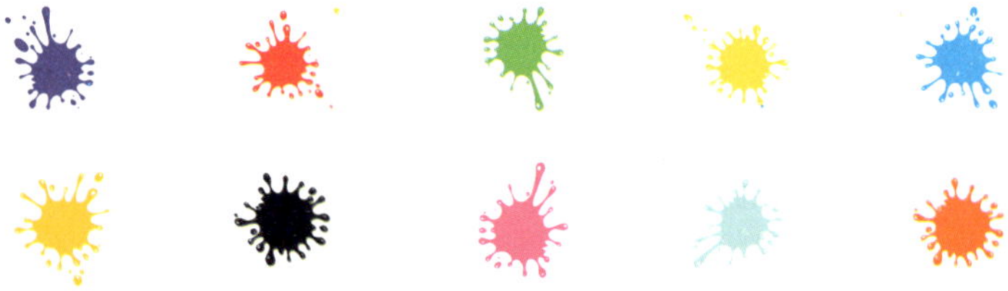

LE TERRAIN DE FOOTBALL
d'Alexandre

Les consignes du jeu

1. Retrouvez les joueurs de foot dans l'image. Combien y en a-t-il en tout ?

2. Sur ce terrain de football, quels sont les sports représentés ?

(Voir solutions page 119.)

7
10
8
5
3
12
A

LA LISTE
de Mathis

Les consignes du jeu

1. Nommez par ligne, de gauche à droite, les différents objets sans vous tromper !

2. Puis, passez à la seconde étape du jeu : regardez la liste des noms de couleur.

> Pour les plus petits, nommez la couleur de chaque mot, l'un après l'autre, par ligne, de gauche à droite, sans erreur.

> Pour les plus grands, lisez les mots de la liste, l'un après l'autre, par ligne, de gauche à droite, sans erreur.

3. Inversez les rôles.

Astuce

Le parent fait le même exercice, sous le contrôle de son enfant. N'hésitez pas à commettre volontairement des erreurs pour que votre enfant les détecte.

1. 

2. JAUNE BLEU ROUGE VERT JAUNE BLEU ROUGE VERT

JAUNE BLEU ROUGE VERT JAUNE BLEU ROUGE VERT

LE KIM SONORE
de Jules

Matériel

- 1 foulard ou bandeau

Les consignes du jeu

1. Bandez les yeux d'un joueur à l'aide d'un bandeau ou d'un foulard.
2. L'autre joueur exécute différents sons que le joueur aux yeux bandés doit identifier. Par exemple : fermer une porte, froisser du papier, claquer des doigts, taper du pied, tousser, faire couler de l'eau…
3. Inversez les rôles.

55 0 5

LES GANTS
de Lucie

Les consignes du jeu

1. Observez les personnages, ils ont égaré l'un de leurs gants !

2. À tour de rôle, reliez, un par un, les gants à leurs propriétaires et reformez ainsi les paires de gants.

(Voir solutions page 119.)

1
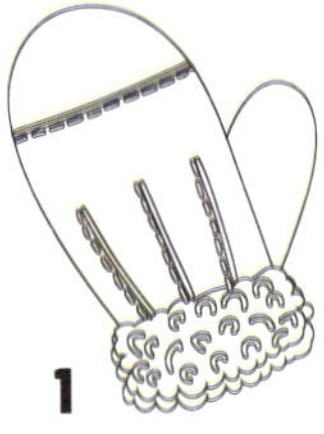
2
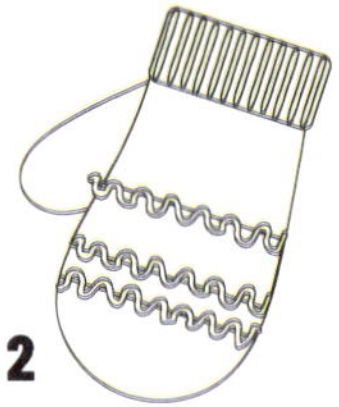
3
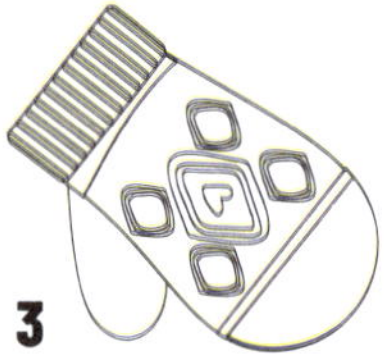
4
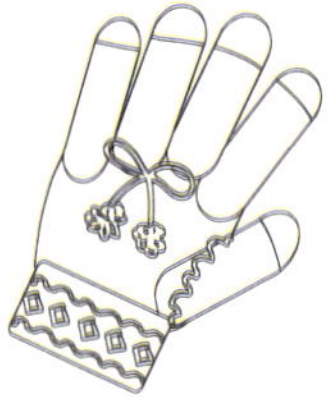
5
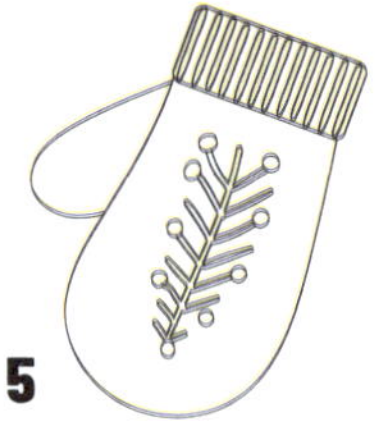
6
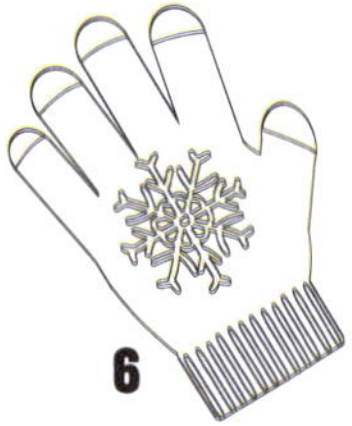

LES MOTS MÊLÉS

de Joseph

Les consignes du jeu

1. Retrouvez ensemble les mots de la liste dans la grille de lettres.

2. Les mots peuvent être écrits horizontalement ou verticalement.

3. Deux options sont possibles :

> vous choisissez de chercher le même mot ;

> vous cherchez un mot différent chacun.

(Voir solution page 121.)

MOTS À TROUVER :

ARTISTE
ASTRONAUTE
BOULANGER
JARDINIER
MEDECIN
PECHEUR
POLICIER
POMPIER
PROFESSEUR

H	P	E	C	H	E	U	R	N	L	J	P
M	B	B	I	S	G	R	U	R	L	M	R
A	A	O	A	R	T	I	S	T	E	R	O
S	I	U	P	O	L	I	C	I	E	R	F
T	M	L	S	B	M	M	E	G	R	H	E
R	M	A	N	J	G	D	Q	D	B	V	S
O	E	N	P	O	M	P	I	E	R	A	S
N	D	G	U	C	S	V	B	C	T	N	E
A	E	E	G	R	J	Y	G	G	Q	E	U
U	C	R	M	G	D	I	F	O	J	S	R
T	I	D	S	E	A	K	O	I	B	E	U
E	N	X	J	A	R	D	I	N	I	E	R

LE TANGRAM de Mai Lan

Matériel

- Ciseaux

Variante

Pour aller plus loin et booster la créativité, vous pouvez inventer vos propres modèles et les faire deviner à l'autre joueur.

Les consignes du jeu

1. Découpez les formes géométriques du tangram.

2. Reproduisez l'un des modèles sans le désigner.

3. L'autre joueur doit retrouver l'image correspondante.

4. Inversez les rôles.

Chameau

Chat

Cheval

Maison

Fusée

Hélicoptère

Chien

Baleine

Tortue

Avion

Grenouille

Lion

Phoque

Tour

Moulin à vent

Voilier

Poussette

Crabe

Rhinocéros

Vache

Bateau

Usine

Pyramide

Tangram

LE JEU DE KIM
de Clémentine

Matériel

- Ciseaux
- 1 timer

Variante

Vous pouvez jouer avec d'autres objets et d'autres règles : en ajoutant, en échangeant ou en déplaçant un objet.

Les consignes du jeu

1. Découpez le carré qui permettra de cacher l'un des objets au verso.
2. Observez bien ces 8 objets pendant 1 minute.
3. L'un des joueurs se retourne pendant que l'autre cache l'un des objets avec le carré de papier.
4. Le joueur qui s'est retourné doit alors retrouver quel objet a disparu.
5. Inversez les rôles.

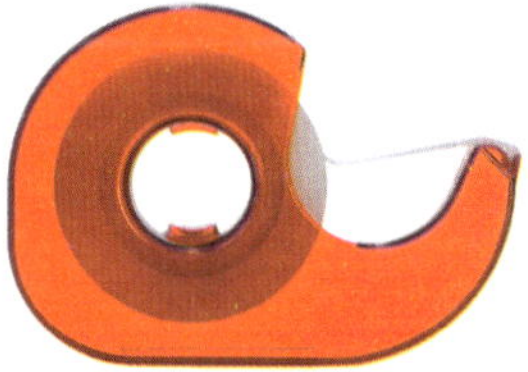

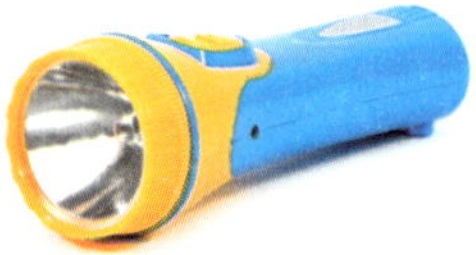

LA CHAMBRE d'Édouard

Les consignes du jeu

1. Comparez les deux dessins au verso.
2. Retrouvez les 7 différences entre les deux.

(Voir solution page 121.)

Le coin des parents

Ce jeu est l'occasion de revoir avec votre enfant les facteurs qui favorisent le sommeil. Voici les points à vérifier :
- une journée avec de l'activité physique (si possible en plein air) ;
- un coucher ritualisé ;
- une pièce pas trop chauffée, idéalement à 18 °C ;
- l'obscurité totale (et une veilleuse en cas de peur du noir) ;
- une chambre rangée ;
- du calme.

Dessin 1

Dessin 2

LES JEUX DE MORPION
de Romain

attention visuelle, réflexion

Matériel

- 2 stylos ou crayons

Les consignes du jeu

1. Choisissez chacun un symbole : croix ou rond.
2. À tour de rôle, dessinez votre symbole dans l'une des cases.
3. Le gagnant est celui qui parvient à aligner 3 de ses symboles horizontalement, verticalement ou en diagonale.
4. Recommencez le jeu avec une nouvelle grille.

Gagnant :

....

Gagnant :

....

Gagnant :

....

Gagnant :

....

attention auditive, réflexion, mémoire

LES JEUX EN VOITURE de William

Jacques a dit

1. Donnez des consignes à tour de rôle. Par exemple :

« Jacques a dit : touche ton nez » ;
« Jacques a dit : délace tes chaussures » ;
« tape dans tes mains », etc.

2. L'autre joueur doit réaliser l'action seulement si la consigne a été précédée de la formule « Jacques a dit ».

Je vais au marché, j'achète...

1. Le premier joueur annonce : « je vais au marché, j'achète… » et il ajoute un mot.

2. L'autre joueur dit : « je vais au marché, j'achète… » ; il reprend le premier mot et en ajoute un deuxième.

3. Le premier joueur répète les deux premiers achats et en ajoute un troisième.

4. Ainsi de suite jusqu'à ce qu'un joueur n'arrive plus à répéter correctement la liste depuis le début.

Ni oui ni non

1. Posez des questions à tour de rôle.

2. L'autre joueur ne doit répondre ni par oui ni par non. Il peut utiliser des formules comme : « en effet », « pourquoi pas », « je ne pense pas », « bien sûr », « avec plaisir », etc.

Devinette

1. Chacun votre tour, choisissez un personnage, un objet, un animal ou un métier.

2. L'autre joueur doit le deviner en posant des questions auxquelles on ne peut répondre que par oui ou par non.

Association d'idées

1. Un joueur dit un mot.

2. L'autre joueur dit un mot auquel le premier mot lui fait penser.

3. Le premier joueur dit un mot auquel ce deuxième mot lui fait penser.

4. Ainsi de suite… Celui qui s'arrête a perdu.

Suite de 3 consignes

1. Donnez une série de 3 consignes à la suite. Par exemple : imiter le bruit d'une moto, citer 5 lettres, puis frapper des mains.

2. L'autre joueur doit exécuter correctement ces consignes dans le bon ordre.

3. Inversez les rôles.

LA RAQUETTE d'Aurélien

Les consignes du jeu

1. Parmi les 31 raquettes de tennis au verso, il y a 15 paires de raquettes identiques. Une seule est unique.

2. Saurez-vous la retrouver ?

(Voir solution pa[illegible]1.)

LES ESPACES COLORÉS

de Laïbé

Matériel

- 3 crayons de couleurs différentes

Les consignes du jeu

1. Les 3 crayons de couleur sont mis à disposition des 2 joueurs.
2. À tour de rôle, coloriez un espace avec l'une des couleurs, en respectant cette contrainte : aucun espace ne doit avoir de frontière commune avec un espace de la même couleur.
3. Le gagnant est le dernier joueur à pouvoir colorier un espace.

LES FLEURS
de Laura

Les consignes du jeu

- Retrouvez à quelles fleurs appartiennent ces morceaux :

(Voir solutions page 121.)

a
b
c
d
e
f
g
1
2
3
4
5
6
7
8
9
10
11
12
13
14
15
16
17
18

LES INTRUS
de Tahina

Les consignes du jeu

• Pour chacune de ces séries, soyez le premier à trouver l'intrus !

(Voir solutions page 122.)

1 

2 

3 

4 

5 

LE MESSAGE CODÉ
de Séverin

Matériel

- 1 crayon ou stylo

Les consignes du jeu

- Selon la correspondance entre les dessins et les lettres, décryptez cette phrase secrète.

Astuce

Pour les plus jeunes qui ne savent pas lire, laissez-les chercher les lettres correspondant au message codé. Vous pourrez ensuite leur lire la phrase obtenue.

(Voir solution page 122.)

A B C D E F G H I J K L M
N O P Q R S T U V W X Y Z

LES DISQUES À RELIER
de Gaspard

Matériel

- 1 crayon ou stylo

Les consignes du jeu

- Reliez les disques de la même couleur par des lignes qui ne doivent :
  - > ni se croiser ;
  - > ni toucher les bords du cadre ;
  - > ni traverser les disques ;
  - > ni sortir du cadre.

(Voir solution page 122.)

réflexion

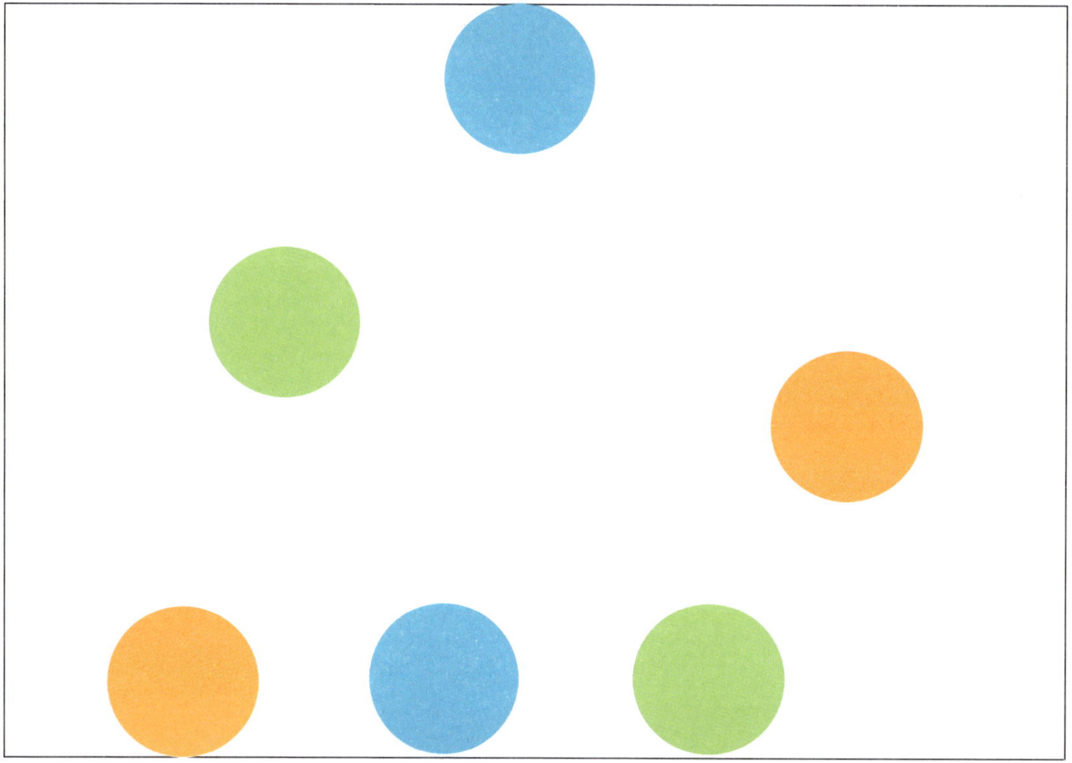

LES OBJETS de Louka

Les consignes du jeu

1. Observez bien les différents objets dessinés au verso.

2. Retrouvez les 10 jouets suivants :

Variante

Vous pouvez chercher d'autres éléments dessinés sur la feuille.

(Voir solutions page 123.)

LE COLORIAGE MAGIQUE de Gustave

Matériel

- feutres ou crayons de couleur (à choisir selon les couleurs nécessaires pour colorier les dessins)

Les consignes du jeu

1. Chacun sur votre dessin, coloriez les différentes zones avec les couleurs correspondant aux chiffres.
2. Vous verrez apparaître un joli dessin…

Le coin des parents

C'est une activité également intéressante pour encourager le coloriage sans dépasser.

Coloriage parent

Coloriage enfant

LES BALLONS DE RUGBY de Barthélemy

Matériel

- 5 crayons de couleur (bleu, rouge, jaune, vert et violet)
- 1 sac opaque

Les consignes du jeu

1. Mettez les 5 crayons de couleur dans le sac opaque.
2. Chacun votre tour, piochez 3 crayons au hasard, et posez-les sur la table.
3. Le premier qui retrouve et qui pointe le ballon contenant les 3 couleurs identiques aux 3 crayons piochés gagne 1 point.
4. Le gagnant de la partie est celui qui arrive le premier à 10 points.

LE DÉNOMBREMENT de Blanche

Les consignes du jeu

1. Observez les dessins au verso.
2. Combien comptez-vous de papillons rouges ? De ballons bleus ? De branches de palmier ?

(Voir solutions page 123.)

LES JOUETS
d'Eliott

Les consignes du jeu

1. Comparez les deux dessins au verso.

2. Retrouvez les deux objets exactement identiques.

(Voir solution page 123.)

Astuce

Pour être identiques, les deux objets doivent être exactement de la même couleur !

Dessin 1

Dessin 2

LA BANQUISE de Sami

Matériel

- 1 dé
- 2 petits pions

Le coin des parents

Les jeux de plateau développent l'attention car ils amènent les joueurs à se concentrer sur les règles, le dénombrement du dé, le tour de rôle et la stratégie à adopter.

Les consignes du jeu

1. Lancez le dé chacun votre tour.
2. Celui qui obtient le plus grand chiffre commence la partie.
3. Lancez le dé à tour de rôle. Avancez du nombre de cases correspondant au dé.

> Si vous arrivez sur le bas d'une échelle, vous grimpez directement à la case indiquée.

> Si vous arrivez sur le haut de l'échelle, vous devez redescendre à la case indiquée.

4. Le gagnant est le premier arrivé au sommet.

START
1
2
3
4
5
6
7
8
9
10
11
12
13
14
15
16
17
18
19
20
21
22
23
24
25
26
27
28
29
30
31
32
33
34
35
36
37
38
39
40
41
42
43
44
45
46
47
48
49
50
51
52
53
54
55
56
57
58

attention visuelle, réflexion

LE PUISSANCE 4
de Martin

Matériel

- 2 crayons ou feutres de 2 couleurs différentes

Les consignes du jeu

1. Choisissez chacun un crayon ou un feutre.
2. À tour de rôle, coloriez de votre couleur un rond de la grille.
3. Le gagnant est le premier à avoir aligné 4 ronds de sa couleur, horizontalement, verticalement ou en diagonale.

Partie 1

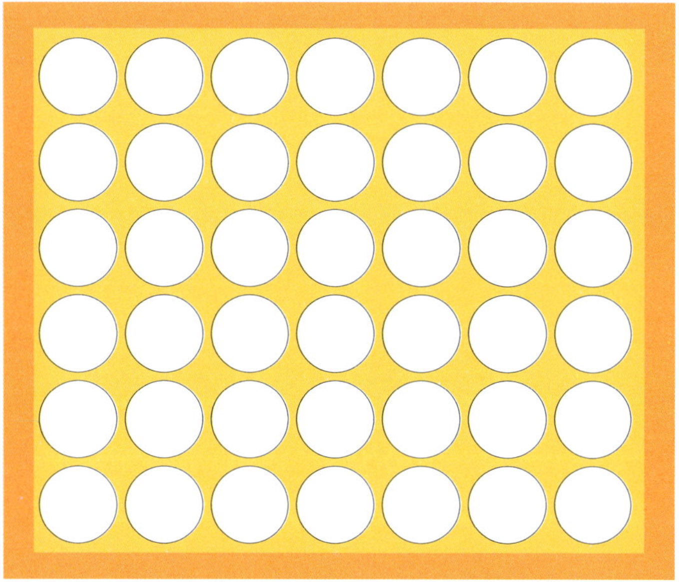

Partie 2

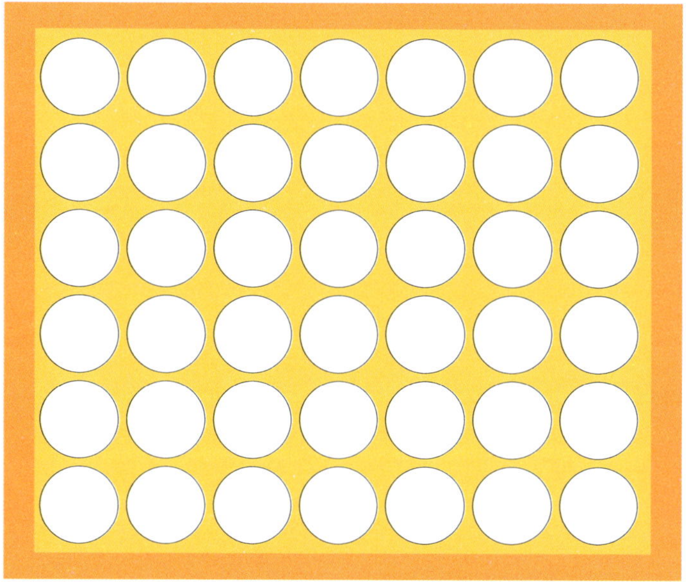

LES DESSINS DANS LE DOS de Lino

Les consignes du jeu

1. Reproduisez du bout du doigt, sur le dos de votre enfant, l'un des dessins présentés ci-contre sans l'annoncer.
2. Votre enfant doit retrouver le dessin correspondant.
3. Inversez les rôles.

Variante

Pour aller plus loin, inventez vous-mêmes de nouveaux dessins à reproduire et à deviner !

LE MEMORY de Yanis

Matériel

- Ciseaux

Les consignes du jeu

1. Découpez les images.

2. Disposez-les, faces cachées, sur la table.

3. Le premier joueur retourne 2 images :

> Si les images sont identiques, il gagne la paire constituée et rejoue.

> Si les images sont différentes, il les repose, faces cachées, là où elles étaient placées et c'est au tour de l'autre joueur.

4. Le gagnant est celui qui a le plus de paires à la fin de la partie.

LE MEMORY
de Yanis

LE MEMORY
de Yanis
LE MEMORY
de Yanis
LE MEMORY
de Yanis
LE MEMORY
de Yanis
LE MEMORY
de Yanis
LE MEMORY
de Yanis
LE MEMORY
de Yanis
LE MEMORY
de Yanis
LE MEMORY
de Yanis
LE MEMORY
de Yanis
LE MEMORY
de Yanis
LE MEMORY
de Yanis
LE MEMORY
de Yanis
LE MEMORY
de Yanis
LE MEMORY
de Yanis
LE MEMORY
de Yanis
LE MEMORY
de Yanis
LE MEMORY
de Yanis
LE MEMORY
de Yanis
LE MEMORY
de Yanis
LE MEMORY
de Yanis
LE MEMORY
de Yanis
LE MEMORY
de Yanis

LES SUITES LOGIQUES
de Noa

Les consignes du jeu

• Pour chacune des séries au verso, soyez le premier à trouver le dessin manquant pour avoir la suite logique !

(Voir solutions page 123.)

1. 

2. 

3. 

4. 

5. 

LE CRI DES ANIMAUX d'Hugo

Les consignes du jeu

1. Voici un chat qui fait « miaou », une vache qui fait « meuh » et un cochon qui fait « groin ».

2. Prenez une feuille pour cacher les 2 lignes d'images au verso.

3. Puis faites glisser la feuille pour laisser apparaître les 2 premières images de chaque ligne.

> Si les 2 images sont identiques, le premier à faire le cri de l'animal représenté gagne 1 point.

> Si les 2 images sont différentes, rien ne se passe. Et si vous poussez un cri d'animal, vous perdez 1 point.

4. Poursuivez ainsi jusqu'au bout des lignes. Le gagnant est celui qui compte le plus de points quand toutes les images ont été découvertes.

Placez ici la feuille, puis déplacez-la vers la droite.

meuh

miaou

miaou

meuh

groin

miaou

LES INSTRUMENTS DE MUSIQUE
de Clara

Matériel

- 1 crayon ou stylo

Les consignes du jeu

Sur l'image au verso :

1. barrez tous les violons ;
2. entourez toutes les flûtes.

(Voir solution page 124.)

Le coin des parents

Guider l'enfant pour s'organiser, en partant du haut à gauche de l'image, puis par ligne, l'aidera pour la lecture et l'écriture.

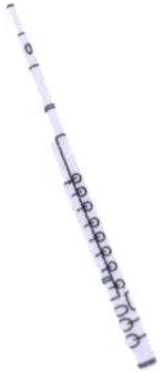

LE CHANTIER de Félicien

Matériel

- 1 timer

Les consignes du jeu

1. Observez bien l'image au verso pendant 1 minute.

2. Répondez aux questions sans regarder l'image.

(Voir solutions page 124.)

STOP

a. Combien y a-t-il de véhicules sur le chantier ?

....

b. De quelle couleur est peint le mur de briques ?

....

c. Quel animal transporte les clous ?

....

d. Quel temps fait-il en cette journée de travaux ?

....

e. Quel animal se tient sur la nacelle du chantier ?

....

f. De quelle couleur sont les casques des ouvriers ?

....

g. Lequel de ces insectes n'est pas présent sur le chantier :

☐ papillon ☐ fourmi ☐ abeille ☐ mille-pattes ?

LE PIPOPIPETTE
d'Élise

Matériel

- 2 crayons ou stylos de 2 couleurs différentes

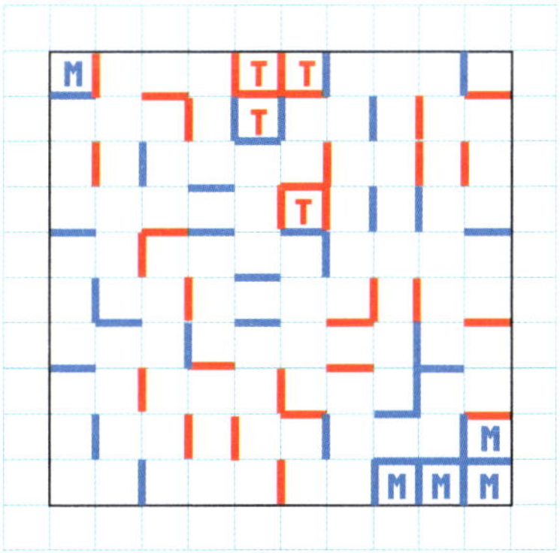

Les consignes du jeu

1. Prenez chacun un crayon de couleur différente.

2. À tour de rôle, tracez un trait verticalement ou horizontalement en suivant le quadrillage de la feuille (pas plus long qu'un carreau).

3. Lorsque vous arrivez à fermer un carré, coloriez-le de votre couleur (ou notez l'initiale de votre prénom) et rejouez.

4. Le gagnant est celui qui remporte le plus de carrés à la fin de la partie.

Partie 1

Partie 2

LA PLANÈTE de Marin

Les consignes du jeu

- Retrouvez dans le dessin la séquence suivante :

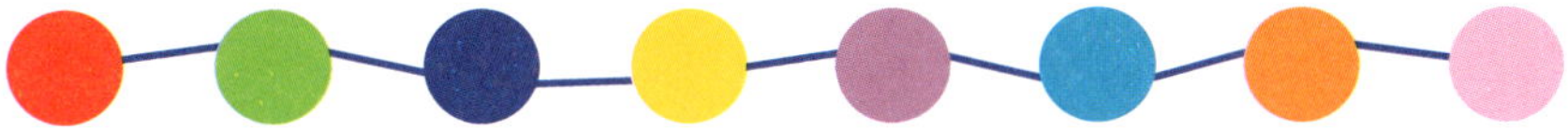

(Voir solution page 124.)

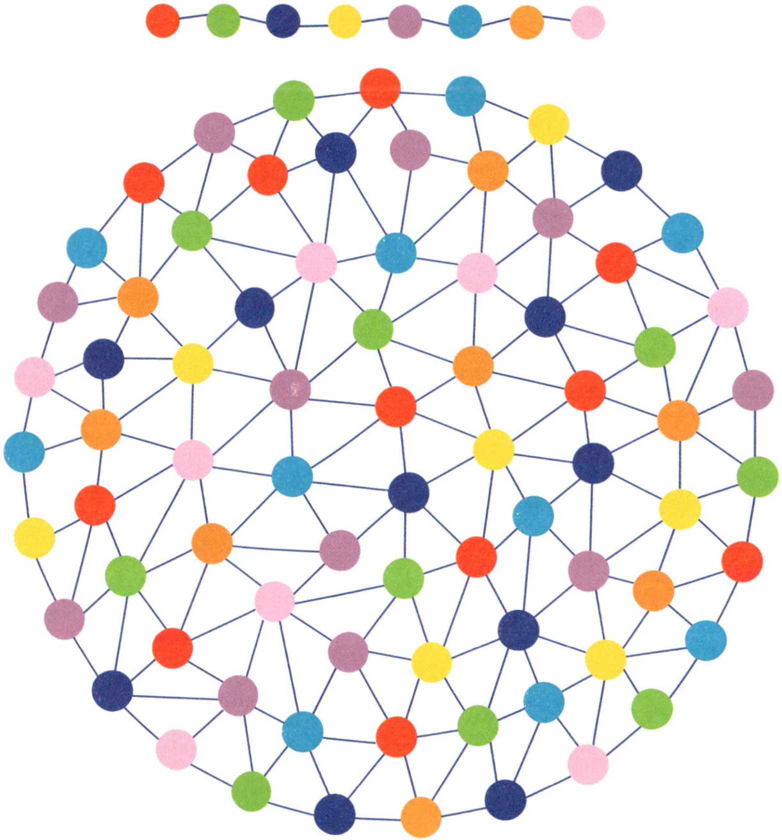

L'HISTOIRE de Victoire

Les consignes du jeu

- Ensemble, remettez les images de cette histoire dans le bon ordre.

(Voir solution page 125.)

Note

Pour aller plus loin, une fois les images remises dans l'ordre, prenez un temps pour raconter l'histoire.

1

2

3

4

5

6

LE TROPHÉE
de Justin

Les consignes du jeu

- Retrouvez l'ombre qui correspond à ce trophée.

(Voir solution page 125.)

attention visuelle, réflexion

L'INTRUS DANS LA MAISON

de Victoria

Matériel

- Des objets de la maison (brosse à dents, salière, petite cuillère, peigne, chausse-pied, télécommande, etc.)

Les consignes du jeu

1. L'un des joueurs dispose des intrus dans la maison, un dans chaque pièce. Par exemple : une brosse à dents dans la cuisine, une salière dans la chambre, un peigne dans les toilettes…

2. L'autre joueur doit retrouver les intrus dans chaque pièce et les remettre à leur place.

3. Inversez les rôles.

LES MASSAGES d'Apolline

Matériel

- 1 balle (en mousse, de tennis ou à picots)

Les consignes du jeu

1. L'un de vous s'allonge au sol avec les bras et les jambes écartés, les yeux fermés ou ouverts, sur le dos ou le ventre.

2. L'autre fait rouler lentement la balle sur son corps sans jamais perdre le contact, avec une légère pression et des mouvements circulaires. Il peut commencer par un pied, remonter sur la jambe, passer sur l'autre jambe jusqu'à l'autre pied, puis aller vers le ventre, les bras et la tête.

3. Une fois un côté du corps terminé, il reprend les mêmes massages de l'autre côté.

4. Inversez les rôles.

Le coin des parents

La relaxation apprend à être à l'écoute de son corps tout en favorisant un état de bien-être général. Elle permet une meilleure gestion des émotions et du stress, ce qui va aider à améliorer l'attention.

LE DESSIN MYSTÈRE de Louis

Matériel

- 1 crayon ou stylo
- 1 feuille de papier

Les consignes du jeu

1. Installez-vous face à face. Prenez la feuille avec le texte devant vous et disposez une feuille blanche devant votre enfant.

2. Lisez les consignes à voix haute et demandez à votre enfant d'exécuter les tracés demandés.

> Trace un grand cercle en bas de la feuille pour former la tête. Rajoute deux petits cercles à l'intérieur pour faire les yeux.

> Dessine le nez, au milieu de la tête, en faisant un petit ovale à l'horizontale.

> Trace 3 lignes en partant de la gauche de l'ovale et 3 lignes en partant de la droite de l'ovale pour former les moustaches.

> Fais un trait sous l'ovale pour la bouche.

> Place 2 rectangles juste en dessous de ce trait pour former les dents.

> Dessine sur le dessus du cercle 2 grands triangles pour les oreilles.

> Rajoute un petit triangle dans chaque grand triangle pour l'intérieur de l'oreille.

3. Quel est cet animal ?

4. Vous pouvez maintenant le colorier avec les couleurs de votre choix.

LE DÉCOMPTE de Nathalie

Les consignes du jeu

1. L'un des joueurs lit à voix haute la liste de mots ci-dessous en cachant la feuille à l'autre joueur :

vélo - ours - banane - voiture - canapé - ours - banane - vélo - avion - voiture - banane - cahier - ours - voiture - crayon - brosse à dent - fraise - voiture - banane - maison - vélo - banane - livre - banane - ours - voiture - papillon - banane.

(Voir solutions page 125.)

2. L'autre joueur doit compter dans sa tête le nombre de fois où il entend le mot « **voiture** ».

3. Rejouez avec un autre mot : « **banane** » par exemple.

LE DÉPLACEMENT SANS BRUIT de Rémi

Matériel

- 1 foulard ou bandeau

Les consignes du jeu

1. Bandez les yeux d'un joueur à l'aide d'un bandeau ou d'un foulard.

2. L'autre joueur, placé initialement loin du joueur aux yeux bandés, doit se rapprocher et venir le toucher sans qu'il ne l'ait entendu.

3. Inversez les rôles.

Variante

Pour un challenge plus difficile, rapprochez-vous en portant un objet en équilibre sur votre tête ou en tenant dans la main un hochet ou autre objet sonore.

LES CHIFFRES
de Baptiste

Matériel

- 2 crayons ou stylos

Les consignes du jeu

1. Chacun sur votre grille de chiffres, entourez 6 fois le nombre 42 à l'horizontale.
2. Le premier qui termine a gagné !

3 5 1 4 2 7

6 8 9 5 2 4

(Voir solutions page 125.)

Grille parent

3	4	2	9	1	0	9
2	5	4	4	2	7	6
6	8	1	2	6	4	2
3	4	2	9	1	0	9
2	5	4	4	2	7	6
6	8	1	2	6	4	2

Grille enfant

3	4	2	9	1	0	9
2	5	4	4	2	7	6
6	8	1	2	6	4	2
3	4	2	9	1	0	9
2	5	4	4	2	7	6
6	8	1	2	6	4	2

LE CROSS de Bertrand

Matériel

- 1 feuille et 1 crayon (facultatif)

Les consignes du jeu

1. Lors d'un cross, les 5 meilleures coureuses ont mérité de monter sur le podium pour y recevoir une médaille. Ces 5 jeunes filles se nomment Mathilde, Axelle, Louise, Anaïs et Alix.

2. Quelle marche du podium occupe chacune des athlètes, sachant que :

> Mathilde est voisine de Louise.

> Louise et Alix ne sont pas sur la 1e marche.

> Axelle et Mathilde ne sont pas sur la 2e marche.

> Anaïs est voisine d'Alix.

> Axelle se trouve à l'une des extrémités.

> Mathilde est soit sur la 2e marche, soit sur la 3e marche.

(Voir solution page 125.)

Astuce

Pour les plus jeunes enfants, aidez-les à faire le raisonnement à l'aide d'un schéma.

LE ZENTANGLE
de Mohamed

Matériel

- Feutres ou crayons de couleur

Les consignes du jeu

1. Choisissez les couleurs de feutres ou de crayons de couleur qui vous plaisent, et coloriez ensemble ce dessin.

2. Prenez votre temps !

Le coin des parents

Le coloriage développe l'attention, la patience et la planification. C'est une activité apaisante qui réduit le stress et favorise la pleine conscience. Enfin, le coloriage stimule la créativité et l'expression personnelle, ce qui renforce l'estime de soi.

LE LOTO TACTILE de Noémie

Matériel

- Une dizaine d'objets de la maison. Par exemple : clé, dé, bonbon, petite cuillère, gomme, éponge, chouchou, balle de tennis, décapsuleur, ruban adhésif…
- 1 sac opaque

Variante

Pour complexifier l'activité, au départ, ne montrez pas les objets avant de les mettre dans le sac.

Les consignes du jeu

1. Placez les objets sélectionnés dans le sac opaque.
2. À tour de rôle, plongez la main dans le sac et attrapez un objet.
3. Sans ressortir la main du sac, tentez de deviner au toucher quel est cet objet.

LES SPORTS
de Camil

attention visuelle et auditive, réflexion

Matériel

- 1 crayon ou stylo
- 1 feuille ou 1 élément opaque (livre, planche à découper…)

Les consignes du jeu

1. Face à face, cachez votre partie du jeu (les personnages ou les accessoires) à l'autre joueur à l'aide d'une feuille ou tout objet opaque (livre, planche à découper…).

2. À tour de rôle, posez des questions pour retrouver les éléments qui peuvent s'associer.

3. Notez le même chiffre sous les paires assorties.

(Voir solutions page 125.)

Placer une feuille ici à la verticale.

LES GIRAFES
de Léna

Les consignes du jeu

- En suivant le cou des girafes du doigt, attribuez le bon numéro au corps de chaque girafe.

(Voir solutions page 125.)

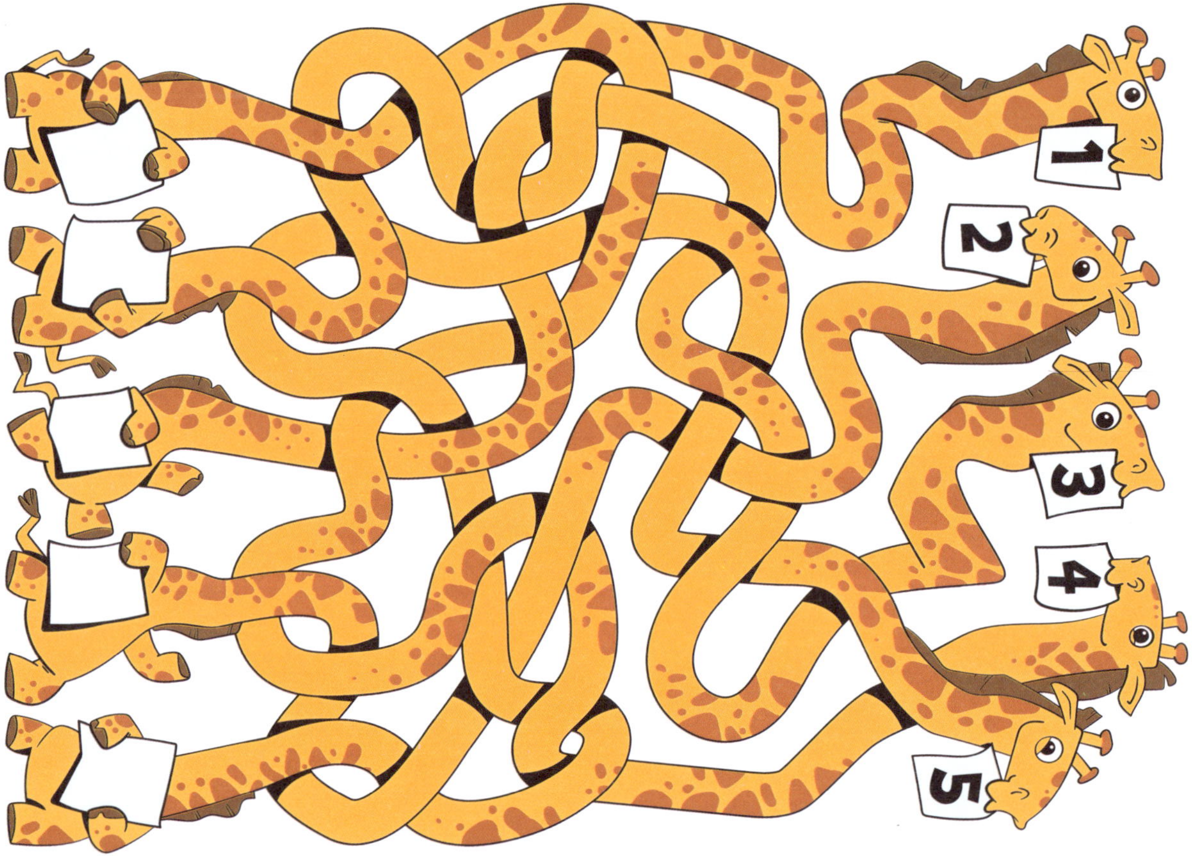
1
2
3
4
5

LE NIM
de Maxime

Matériel

- 16 allumettes (cotons-tiges ou crayons)

Les consignes du jeu

1. Disposez les 16 allumettes (ou autres petits objets), comme sur le modèle au verso.
2. À tour de rôle, vous retirez autant d'allumettes que vous le souhaitez dans une rangée.
3. Au fur et à mesure des tours, toutes les allumettes vont être enlevées jusqu'à la dernière.
4. Le joueur qui est contraint de retirer la dernière perd la partie !

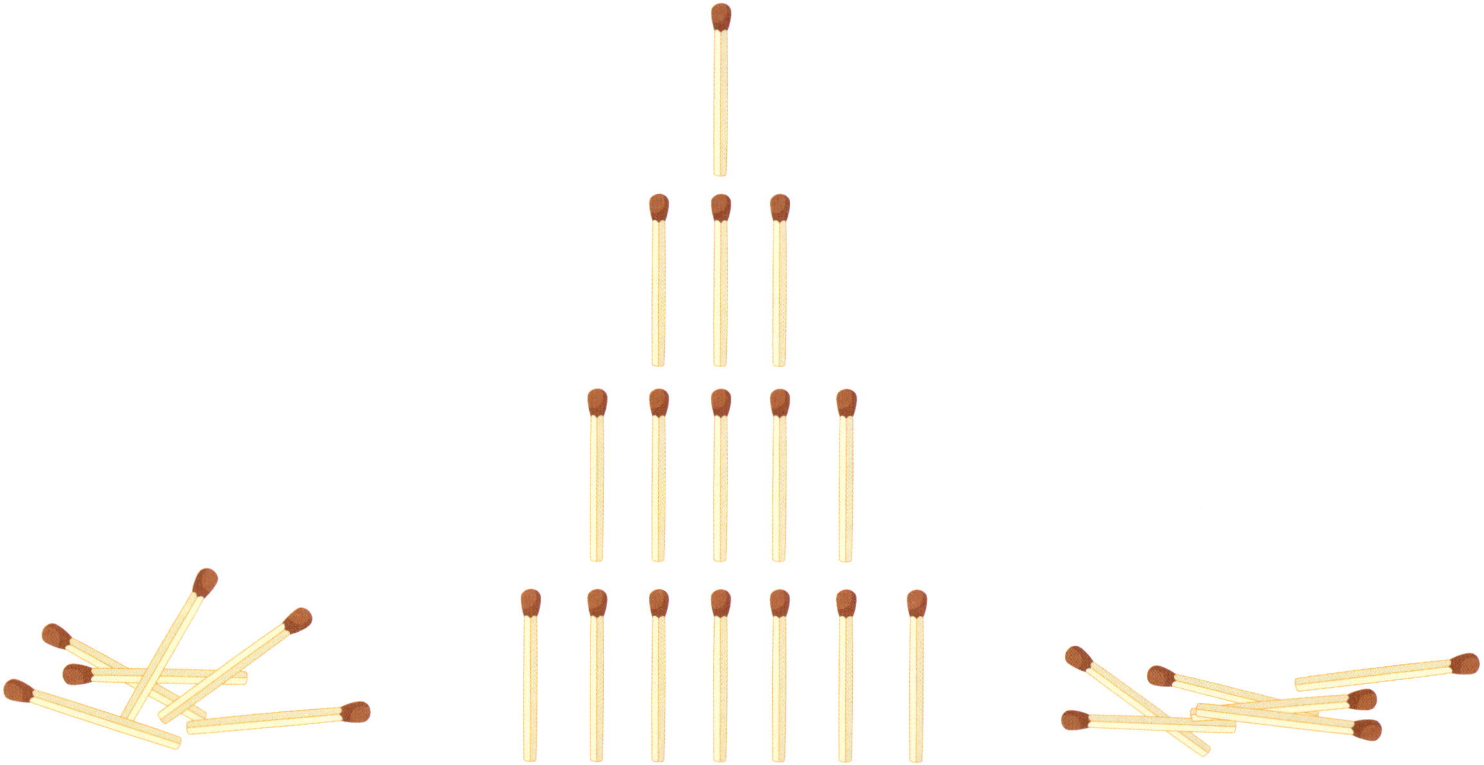

LES SOLUTIONS

Page 16. LE BUREAU DE THOMAS

Les 7 différences sont : le sourcil, la bouche, le haut du dos, le coussin dans le dos, les coudes pliés à 90°, la pile de livres sous l'ordinateur et les pieds à plat.

Page 20. LE LABYRINTHE D'ELENA

Page 22. LES SUDOKU DE ROBERT

5	1	6	9	8	3	4	2	7
7	9	3	2	1	4	6	8	5
4	2	8	5	7	6	9	3	1
1	5	7	3	6	2	8	4	9
2	3	9	8	4	5	1	7	6
8	6	4	7	9	1	3	5	2
9	4	2	1	3	7	5	6	8
3	7	1	6	5	8	2	9	4
6	8	5	4	2	9	7	1	3

3	5	2	4	7	6	1	8	9
1	6	8	9	5	2	7	3	4
7	4	9	8	1	3	6	2	5
4	2	5	6	9	7	8	1	3
6	8	3	2	4	1	5	9	7
9	7	1	5	3	8	4	6	2
8	9	7	3	6	5	2	4	1
2	1	4	7	8	9	3	5	6
5	3	6	1	2	4	9	7	8

1	3	7	9	8	6	4	5	2
9	2	5	3	4	7	1	6	8
8	6	4	5	2	1	9	7	3
7	5	3	8	1	4	6	2	9
6	1	2	7	3	9	8	4	5
4	8	9	6	5	2	3	1	7
5	7	1	4	9	3	2	8	6
2	9	8	1	6	5	7	3	4
3	4	6	2	7	8	5	9	1

Page 28. LE TERRAIN DE FOOTBALL D'ALEXANDRE

Il y a 2 joueurs de foot et un arbitre.
Les sports représentés sont : la plongée sous-marine, le saut à la perche, la boxe, la natation, le patinage, le ski de fond et le yoga.

Page 34. LES GANTS DE LUCIE

(En partant de la gauche.)
1er personnage : **5e** gant
2e personnage : **4e** gant
3e personnage : **1er** gant
4e personnage (bonhomme de neige) : **6e** gant
5e personnage : **2e** gant
6e personnage : **3e** gant.

Page 36. LES MOTS MÊLÉS DE JOSEPH

H	P	E	C	H	E	U	R	N	L	J	P
M	B	B	I	S	G	R	U	R	L	M	R
A	A	O	A	R	T	I	S	T	E	R	O
S	I	U	P	O	L	I	C	I	E	R	F
T	M	L	S	B	M	M	E	G	R	H	E
R	M	A	N	J	G	D	Q	D	B	V	S
O	E	N	P	O	M	P	I	E	R	A	S
N	D	G	U	C	S	V	B	C	T	N	E
A	E	E	G	R	J	Y	G	G	Q	E	U
U	C	R	M	G	D	I	F	O	J	S	R
T	I	D	S	E	A	K	O	I	B	E	U
E	N	X	J	A	R	D	I	N	I	E	R

Page 44. LA CHAMBRE D'ÉDOUARD

Les 7 différences sont : l'oreille sans écouteur, la main sans tablette, plus de vêtements au pied du lit, les rideaux fermés, le tiroir fermé, l'heure de l'horloge et l'obscurité dans la pièce.

Page 50. LA RAQUETTE D'AURÉLIEN

Page 54. LES FLEURS DE LAURA

Les pétales **a** appartiennent à la fleur **15** ;
ceux de la fleur **b** à la fleur **10** ;
ceux de la fleur **c** à la fleur **1** ;
ceux de la fleur **d** à la fleur **9** ;
ceux de la fleur **e** à la fleur **14** ;
ceux de la fleur **f** à la fleur **17** ;
ceux de la fleur **g** à la fleur **2**.

ceux de la fleur **g** à la fleur **2**.

Page 56. LES INTRUS DE TAHINA

Série **1** : l'oiseau .

Série **2** : le flamant rose .

Série **3** : le crayon .

Série **4** : le bouc .

Série **5** : le chat .

Page 58. LE MESSAGE CODÉ DE SÉVERIN

BRAVO, TU AS RÉUSSI À RESTER ATTENTIF.

Page 60. LES DISQUES À RELIER DE GASPARD

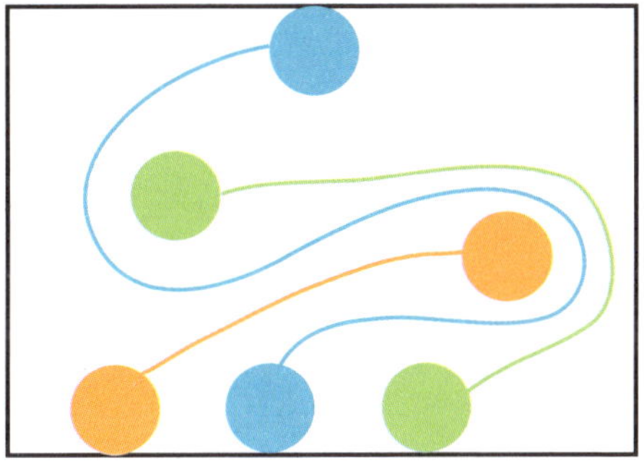

Page 62. LES OBJETS DE LOUKA

Page 68. LE DÉNOMBREMENT DE BLANCHE

Il y a 6 papillons rouges, 4 ballons bleus et 12 branches de palmier.

Page 70. LES JOUETS D'ELIOTT

Il s'agit de la toupie.

Page 80. LES SUITES LOGIQUES DE NOA

Série **1** : pomme 

Série **2** : raisin 

Série **3** : pomme 

Série **4** : citron 

Série **5** : citron  ; puis raisin 

Page 84. LES INSTRUMENTS DE MUSIQUE DE CLARA

Pages 86 ET 87. LE CHANTIER DE FÉLICIEN

a. Il y a 9 véhicules sur le chantier.
b. Le mur de briques est peint en vert.
c. Le hérisson transporte les clous.
d. Il fait soleil en cette journée de travaux.
e. Un coq se tient sur la nacelle du chantier.
f. Les casques des ouvriers sont orange.
g. L'abeille n'est pas présente sur le chantier.

Page 92. LA PLANÈTE DE MARIN

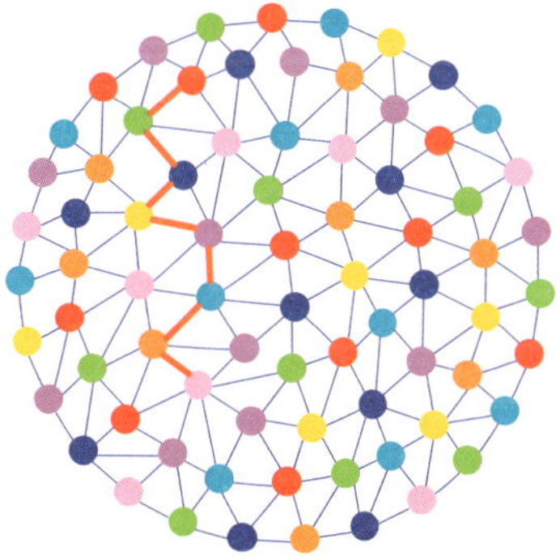

Page 94. L'HISTOIRE DE VICTOIRE

Images dans l'ordre : **3**, **2**, **1**, **6**, **5** et **4**.

Page 96. LE TROPHÉE DE JUSTIN

Page 101. LE DÉCOMPTE DE NATHALIE

On entend **5 fois** le mot « voiture » et **7 fois** le mot « banane ».

Page 104. LES CHIFFRES DE BAPTISTE

3 4 2 9 1 0 9

2 5 4 4 2 7 6

6 8 1 2 6 4 2

3 4 2 9 1 0 9

2 5 4 4 2 7 6

6 8 1 2 6 4 2

Page 106. LE CROSS DE BERTRAND

1re marche : Anaïs
2e marche : Alix
3e marche : Mathilde
4e marche : Axelle
5e marche : Louise.

Page 112. LES SPORTS DE CAMIL

Personnage 1 : le filet et le volant de badminton.
Personnage 2 : le casque et le punching ball de boxe.
Personnage 3 : les chaussures et le casque de ski.
Personnage 4 : les lunettes et le bonnet de bain.
Personnage 5 : les chaussures à crampons et le ballon de football.
Personnage 6 : la balle de tennis et la housse de raquette.

Page 114. LES GIRAFES DE LÉNA

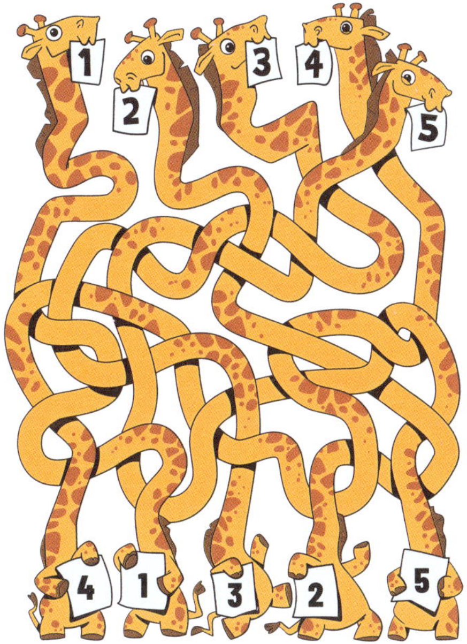

5 CLÉS POUR UN DÉVELOPPEMENT psychomoteur harmonieux

Sommeil

- À chaque âge ses besoins.
- Un rythme régulier (même le week-end !).
- Une journée avec de l'activité physique, si possible en plein air = une bonne nuit.

Alimentation

- Équilibrée, variée, dont 5 fruits et légumes par jour, et adaptée à ses besoins.
- Un moment de plaisir à partager en famille.

Stimulation

- Adaptée à l'enfant et à son âge.
- Variée : motricité, sociabilité, imagination…
- Avec le jeu, la parole, la lecture…
- En favorisant l'autonomie.

Limites

- Des repères rassurants pour l'enfant.
- Pour apprendre à gérer la frustration.
- Maintenues dans la durée.
- Notamment sur les temps d'écrans !

Amour

- Inconditionnel.
- L'ingrédient indispensable pour s'épanouir !

Pour les éditions Larousse, le principe est d'utiliser des papiers composés de fibres naturelles, renouvelables, recyclables et fabriquées à partir de bois issus de forêts qui adoptent un système d'aménagement durable. En outre, les éditions Larousse attendent de leurs fournisseurs de papier qu'ils s'inscrivent dans une démarche de certification environnementale reconnue.

EAN : 9782036077263
Dépôt légal : juin 2025
Fabriqué par les Éditions Larousse
21 rue du Montparnasse
75006 Paris / France

LIVRES-LAROUSSE@larousse.fr
Imprimé en Espagne par Macrolibros SL
338636/01 - 11057618 - avril 2025

PAPIER À BASE DE FIBRES CERTIFIÉES

LAROUSSE s'engage pour l'environnement en réduisant l'empreinte carbone de ses livres. Celle de cet exemplaire est de :
700 g éq. CO_2
Rendez-vous sur www.larousse-durable.fr